CATALOGUE

DES LIVRES

TRÈS-BIEN CONDITIONNÉS

DE FEUE MADAME DE CHOISEUL,

DONT la vente se fera les 27 et 28 Ventôse, an 10, à onze heures très-précises du matin, en sa maison, rue de Grenelle, fauxbourg Saint-Germain, n°. 375.

Les Adjudications seront faites par le Citoyen COMMENDEUR, Commissaire-Priseur, rue Sainte-Croix-de-la-Bretonnerie, n°. 56.

SE DISTRIBUE A PARIS,

Chez G. DEBURE l'aîné, Libraire de la Bibliothèque Nationale, rue Serpente, no. 6.

AN X. == (1802.)

Le 27 Ventôse, an 10;

On vendra les n°s. 1 == à == 63.

Le 28 Ventôse,

64 == à == 126.

CATALOGUE
DES LIVRES
DE FEUE MADAME DE CHOISEUL,

THÉOLOGIE.

1. LA Sainte Bible, trad. en françois, par de Sacy. *Mons*, 1713, 2 *vol. in-4. m. v.* . . 12 . . . 19.
2. Missale Parisiense, auctoritate Ant. El. Leonis Le Clerc de Juigné editum. *Parisiis, in-4. v. b.* . . . . 13 . . 19.
3. Heures du Cardinal de Noailles. *Paris*, 1716, *in-8. m. r.* . . . . 6 . . . 10.
4. Les Provinciales, par Pascal. *Cologne*, 1738, *in-12, m. r.* . . . . 6 . . . 12.
5. Pensées de Pascal. *Amsterdam*, 1688, *in-12, m. r. l. r.* . . . . 7 . . . 19.
6. La Bible enfin expliquée, par Voltaire. *Londres*, 1776, *in-8. v. éc.* . . . . . 3 . . . 4.
7. Le Christianisme dévoilé, par Boulanger. *Londres*, 1756, *in-8. m. v.* . . . 6 . . . 1.

SCIENCES ET ARTS.

8. Lettres sur les sciences et sur l'atlantide, par Bailly. *Paris*, 1777, 2 *vol. in-8. m. r.* . 14 . . . 8.

9. Livres classiques de l'empire de la Chine, recueillis par le père Noël, et publiés par l'abbé Pluquet. *Paris, 1784, 7 vol. in-18, v. f.*

10. Les Caractères de Théophraste, par la Bruyère. *Paris, 1750, 2 vol. in-12. m. v.*

11. Manuel d'Epictète, trad. du grec par Dacier. *Paris, Didot, 1775, in-24. v. f.*

12. Traduction de différens Traités de morale de Plutarque. *Paris, 1777, in-12. m. r.*

13. Les offices de Cicéron, trad. par de Barrett. *Paris, Barbou, 1776, in-12, v. m.*

14. Les Livres de Cicéron, de la vieillesse, &c., trad. par de Barrett. *Paris, Barbou, 1776, in-12. v. m.*

15. Maximes et Réflexions morales du duc de la Rochefoucauld. *Paris, 1741, in-12. m. r.*

16. Maximes et Réflexions morales du duc de la Rochefoucauld. *Paris, imp. roy. 1778, in-8. br.*

17. Mémoires philosophiques du baron de ***. *Paris, 1777, 2 vol. in-8. fig. v. f.*

18. Considérations sur les mœurs de ce siècle, par Duclos. *Paris, 1764, in-12. m. r.*

19. Le Café politique d'Amsterdam. *Amst. 1776, 2 vol. in-8. v. m.*

20. Dictionnaire du Citoyen, ou Abrégé historique, théorique et pratique du commerce. *Paris, 1761, 2 vol. in-8. m. cit.*

21. Essai philosophique, concernant l'en-

26. instruction. M.d. Hufard

28. instruction. M.d. Hufard

tendement humain , trad. de l'anglois de Locke , par Coste. *Amst.* 1755, *in-*4. *m. v.*

22. De l'Esprit, par Helvétius. *Amsterdam,* 1759, 2 *vol. in-*8. *m. cit.* — — — — — — 7 ···· 4··

23. Lettres sur les aveugles , par Diderot. *Londres* , 1749 , *in-*12. *m. cit.* — — — — 2 ···· 12··

24. Dictionnaire d'Histoire Naturelle , par Valmont de Bomare. *Paris* , 1768 , 6 *vol. in-*8. *m. cit.* — — — — — — — 16 ···· 5··

25. Histoire Naturelle , par M^{rs}. de Buffon et d'Aubenton. *Paris* , *imp. roy.* 1749 , 15 *vol. in-*4. *fig. m. bl.* — — — — 64 ··~ 3··

26. Instructions sur la semence , plantation et culture des mûriers , et sur la manière de bien élever les vers à soie , par Joubert de l'Hiberderie. *Amboise Choiseul,* 1770, *in-*12. *mar. r.* — — — — — 3 ···

27. Essai sur l'art des jardins modernes, par Horace Walpole, trad. en franç. par le duc de Nivernois. *Strawberry-Hill,* 1785 , *in-*4. *br.* — — — — — — — 5 ··· 19 2

28. Instruction sur la manière d'élever et de perfectionner les bêtes à laine , trad. du suédois de Hastfer. *Paris,* 1756 , 2 *vol. in-*12. *v. f.* == Instruction sur les bêtes à laine de Flandre. *Paris* , 1763 , *in-*12. *v. f.* == Moyens de rétablir en France les bonnes espèces de bêtes à laine. *Paris* , 1762 , *in-*12 *v. f.* == Mémoire sur les laines , par Blancheville. *Paris* , 1755 , *in-*12. *v. f.* — — — — — — — 10 ···· 1··

29. Dictionnaire portatif de santé. *Paris* , 1761 , 2 *vol. in-*8. *m. cit.* — — — — 11 ···· 12~

30. Essai sur l'Histoire naturelle de la Grossesse et de l'Accouchement, par Alphonse Leroy. *Paris*, 1787, *in-8. m. r.*

31. Entretiens sur l'état de la musique grecque, par l'abbé Barthélemy. *Paris*, 1777, *in-8. m. r.*

32. Traité de Musique, par Bemetzrieder. *Paris*, 1776, *in-8. v. éc.*

33. Encyclopédie, par Diderot et d'Alembert. *Paris*, 1751, 21 *vol. in-fol., m. r.* Savoir : les tom. 1 —— 17 du discours et les quatre premiers volumes des planches.

34. Recueil d'Estampes gravées d'après les Tableaux du Cabinet de M. le Duc de Choiseul, par les soins de M. Basan. 1771, *in-4. m. r.*

35. Collection générale des différents outils et ustensiles de Guerre, dépendans d'un Arsenal de Marine ; dédiée à M. le Duc de Choiseul, par Raby-Desgenets. *Brest*, 1765, *in fol.*

Manuscrit sur papier avec les figures très-bien dessinées et lavées.

BELLES - LETTRES.

36. Monde primitif, par Court de Gebelin. *Paris*, 1773, 6 *vol. in-4. v. éc.*

37. Lycée, ou Cours de littérature ancienne et moderne, par la Harpe. *Paris, an* 7, 12 *vol. in-8. br.*

38. Le Théâtre des Grecs, par le P. Brumoy.

34. M. Caillard

Paris, 1763, 6 *vol. in*-12. *m. r.* == Tra-
gédies de Sophocle, trad. par Dupuy. 2
vol. in-12 , *m. r.*

39. Les Œuvres de Virgile , traduites par
l'Abbé Desfontaines. *Paris* , 1743 , 4 *vol.*
in-8. *m. cit.* . . . . 25....

40. Les Georgiques de Virgile , traduites en
Vers Français, par Delille. *Paris*, 1770,
in-8. *fig. m. r.* . . . . 15....10..

41. Figures pour les Métamorphoses d'O-
vide , par le Mire et Basan. *un vol.*
in-4. *m. r.* . . . . 50....

42. Poésies de Malherbe. *Paris , Barbou,*
1757, *in*-8. *m. r.* . . . . 17....12..

43. Œuvres de Boileau Despreaux , avec
les Notes de Saint-Marc. *Paris*, 1747 ,
5 *vol. in*- 8. *fig. m. cit.* . . . . . 65.... 1..

44. Œuvres de J. B. Rousseau. *Londres*,
1748 , 4 *vol. in*-12, *v. éc.* . . . . 6....16..

45. Les Saisons , Poëme, par Saint-Lam-
bert. *Amsterdam*, 1769, *in*-8. *fig. m. r.* 8....

46. Fables Nouvelles , par l'Abbé Aubert.
Paris , 1764 , *in*-12, *v. f.* == Les Philo-
sophes , comédie , par Palissot. *Paris*,
1760, *in*-12, *m. r.* . . . . 4....1....

47. Choix de Chansons , à commencer de
celles du comte de Champagne , &c., par
Moncrif. 1757, *in*-12. *m. r.* . . . . 3....1..

48. Recueil de pièces de théâtre. 3 *vol.*
in-8. et 5 *vol. in*-12. *v. f.* . . . . 14....11..

49. Théâtre de P. Corneille , avec des commentaires, par Voltaire. 1764, 12 *vol.*
in-8. *fig. m. r.* . . . . 111....

50. OEuvres de Molière. *Paris*, 1760, 8 *vol. in-12, fig. m. bl.*

51. OEuvres de Racine, avec les commentaires de Luneau de Boisjermain. *Paris*, 1768, 7 *vol. in-8. fig. m. bl. Pap. d'Holl.*

52. OEuvres de Regnard. *Paris*, 1758, 4 *vol. in-12. m. cit.*

53. OEuvres dramatiques de Nericault Destouches. *Paris*, 1758, 10 *vol. in-12. m. bl.*

54. OEuvres de Nivelle de la Chaussée. *Paris*, 1762, 5 *vol. in-12. m. bl.*

55. Théâtre de Saint-Foix. *Paris*, 1762, 2 *vol. in-12, m. r.*

56. Nouveau théâtre françois. François II, roi de France, en cinq actes. 1768, *in-8. m. r.*

57. Don Pedre, Roi de Castille, Tragédie; et autres pièces. 1775, *in-8. m. r. dent.*

58. Recueil général des Opéra représentés par l'Académie Royale de Musique. *Paris*, 1703, 16 *vol. in-12, fig. m. cit.*

59. Orlando Furioso, di Lod. Ariosto. *Parigi*, 1768, 4 *vol. in-12. m. cit.*

60. La Gerusalemme liberata, di Torquato Tasso. *Parigi*, 1768, 2 *vol. in-12, m. cit.*

61. Pastorales et Poëmes de Gessner, trad. de l'Allemand. *Paris*, 1766, *in-12. mar. cit.* ══ Idylles, par le même. *Lyon*, 1762, *in-12, mar. cit.*

62. Apologues et Contes orientaux, par l'Abbé Blanchet. *Paris*, 1784, *in-8. v. m.*

50. Molière. Th. DeBure

52. Riquard. Th. De Bure

53. Destouches. Th. DeBure.

54. la chaussée. Th. DeBure

63. Il Decamerone di Giov. Boccacio. Londra, 1757, 5 vol. in-8. fig. m. r.

64. Lettres de Milady Juliette Catesby, par Mad. Riccoboni. Paris, 1760, in-12, m. r.

65. Lettres d'une Péruvienne, par Mad. de Grafigny. Paris, 1761, 2 vol. in 12, m. cit.

66. Mémoires du Comte de Grammont, par Ant. Hamilton, avec des notes par Horace Walpole. Strawberry-Hill, 1772, in-4. fig. m. r.

67. La Princesse de Clèves. Paris, 1764, 2 vol. in-12, m. viol.

68. Zayde, histoire Espagnole, par Segrais. Paris, 1764, 2 vol. in-12, m. cit.

69. Réflexions critiques sur la poésie et sur la peinture, par Dubos. Paris, 1755, 3 vol in-12, m. cit.

70. Le Génie de Montesquieu. Amsterdam, 1762, in-12, m. r.

71. OEuvres de Fontenelle. Paris, 1767, 11 vol. in-12, m. r.

72. OEuvres de Houdar de la Motte. Paris, 1754, 11 vol. in-12, m. v. Gr. Pap.

73. OEuvres de Montesquieu. Amsterdam, 1758, 3 vol. in-4. m. r.

74. OEuvres complettes de Voltaire. (Genève) 1764, 34 vol. in 8. m. r.

75. OEuvres de Jean-Jacques Rousseau. 1764, 6 vol. in-8. m. cit. === Emile, ou de l'éducation. 1762, 4 vol. in-8. m. cit. === La Nouvelle Héloïse. 1764, 4 vol. in-8. fig. m. cit.

76. Mélanges de Littérature, d'Histoire, &c. par d'Alembert. *Amsterdam*, 1767, 5 *vol. in-12. m. cit.*

77. OEuvres diverses de J. J. Barthelemy. *Paris, an 6, 2 vol. in-8. bro. Pap. Vél.*

78. OEuvres de Mancini Nivernois. *Paris, Didot jeune, 1796, 8 vol. in-8. br. Pap. Vél.*

79. OEuvres de Charles Palissot. *Paris, Didot jeune, 1788, 4 vol. in-8. m. r. Gr. Pap. Vél.*

80. OEuvres mélées de M. L. Dutens. *Genéve, 1784, in-8. v. f.*

81. OEuvres complettes de Frédéric II, Roi de Prusse. 1790, 17 *vol. in-8. br.*

82. OEuvres du Comte Antoine Hamilton. 1762, 4 *vol. in 12. v. m.*

83. OEuvres diverses de Pope, traduites de l'Anglois. *Amsterdam, 1767, 8 vol. in-12, fig. m. r.*

84. Lettres de Madame de Sévigné à Mad. de Grignan. *Paris, 1763, 8 vol. petit in-12, m. cit.*

85. Recueil de Lettres choisies de Madame de Sévigné. *Paris, 1751, in-12, m. bl.*

HISTOIRE.

86. La Philosophie de l'Histoire, par Voltaire. *Amsterdam, 1765, in-8. m. r.*

87. Histoire générale des Voyages, par

77. œuvres de Barthelemy. M. T.
78. œuvres de Nivernois. May. Mh.

95. abrégé de l'hist. grecque. M. T.

l'Abbé Prevost. *Paris*, 1746, 17 *vol. in-*
4. *fig. m. bl.*

88. Voyage pittoresque de la Grèce, par M.
de Choiseul - Gouffier. *Paris*, 1782, 12
cahiers in -fol. fig. bro. . . . .

89. Voyages du Marquis de Chastellux,
dans l'Amérique Septentrionale. *Paris*,
1786, 2 *vol. in-8. br.* . . . .

90. Elémens de l'Histoire générale, ancienne, moderne, et de France, par
Millot. *Paris*, 1772, 12 *vol. in - 12, v.
marb.* . . . .

91. Histoire ancienne des Egyptiens, etc.
par Rollin. *Paris*, 1758, 14 *vol. in-12,
m. cit.* . . . .

92. Histoire d'Hérodote, traduite du grec,
par M. Larcher. *Paris*, 1786, 7 *volumes
in-8. br.* . . . .

93. Voyage du Jeune Anacharsis en Grèce,
par l'Abbé Barthelemy. *Paris*, 1788, 7
vol. in-8. et atlas, br. . . . .

94. Voyage du Jeune Anacharsis en Grèce,
par l'Abbé Barthelemy. *Paris*, *Debure
l'ainé*, 1788, 5 *vol. in-4., Gr. Pap. Vél.
m. rouge.* . . . .

95. Abrégé de l'Histoire grecque, par l'Abbé
Barthelemy. *Paris*, 1793, *in-12, m. r.* . .

96. Histoire Romaine, trad. de L. Echard.
Paris, 1744, 16 *vol. in - 12, m. viol.*

97. Histoire des Révolutions Romaines,
par Vertot. *Paris*, 1767, 3 *vol. in-12,
m. bl.* . . . .

98. Tibere, ou les six premiers livres des
Annales de Tacite, traduits par de la

Bleterie. *Paris, imprimerie royale,* 1768, 3 *vol. in*-12, *fig. m. r.*

99. Traduction de quelques Ouvrages de Tacite, par le même. *Paris,* 1755, 2 *vol. in*-12, *m. bl.*

100. Les douze Césars de Suétone, trad. par la Harpe. *Paris,* 1770, 2 *vol. in*-8. *m. r.*

101. Vie de l'Empereur Julien, par de la Bleterie. *Paris,* 1746, *in*-12, *m. cit.*

102. Histoire de la décadence et de la chûte de l'Empire Romain, traduite de Gibbon, par Leclerc de Septchesnes. *Paris,* 1777, 3 *vol. in*-8., *m. r.*

103. Abrégé Chronologique de l'Histoire d'Italie, par de Saint-Marc. *Paris,* 1761, 5 *vol. in*-8. *m. bl.*

104. Histoire de France, par Velly. *Paris,* 1764, 30 *vol. in*-12, *m. r. et br.*

105. Abrégé Chronologique de l'Histoire de France, par le Président Hénault. *Paris,* 1768, 2 *vol. in*-8. *m. bl.*

106. Observations sur l'Histoire de France, par l'Abbé de Mably. *Genéve,* 1765, 2 *vol. in*-12, *m. cit.*

107. Mémoires de Sully. *Londres,* 1767, 8 *vol. in*-12, *m. bl.*

108. Mémoires du Cardinal de Retz, Joly et Nemours. *Genéve,* 1751, 7 *vol. in*-12, *m. bl. et m. cit.*

109. Histoire de Louis de Bourbon, Prince de Condé, par Desormeaux. *Paris,* 1766, 4 *vol. in*-12, *m. r. Pap. Fort.*

110. Mémoires et Lettres de Madame de

114. Mémoire sur la négociation. M. T.

116. administration des finances. M. T.
117. ssais. M. Caillard

122. Dissertation. M. T.

Maintenon. *Amsterdam*, 1755, 15 *vol.*
in-12, *m. r.*

111. Mémoires politiques et militaires du
Maréchal de Noailles, par l'Abbé Millot.
Paris, 1777, 6 *vol.* in-12, *v. éc.* . . . . . 13 . . . 14

112. Histoire du procès de M. de la Chalo-
tais. 1768, 3 *vol in*-12, *m. r.* . . . . . . 5 . . .

113. Mémoires de M. le Duc de Choiseul.
Paris, 1790, 2 *vol.* in-8. *br.* . . . . . . 2 . . .

114. Mémoire Historique sur la négociation de la France et de l'Angleterre, au
mois de Mars 1761. *Paris, imp. royale,*
1761, *in*-8., *m. r.* . . . . 4 . . . 19 D

115. Mémoires pour les droits du roi sur la
Ville d'Avignon et le Comté Venaissin.
1769, 2 *vol. in*-8. *m. r.* . . . . 2 . . . 2

116. De l'Administration des Finances de
la France, par Necker. 1784, 3 *volumes*
in-8., *m. v. dent. tab. Pap. d'Holl.* . . . 16 . . . 19 D

117. Essais Historiques sur Paris, par Saint-
Foix. *Paris*, 1766, 5 *vol.* in-12, *m. bl.* . . 9 . . . 12 D

118. Abrégé Chronologique de l'Histoire
d'Allemagne. *Paris*, 1754, *in*-8. *m. cit.* . . 1 . . . 19

119. Histoire des Maisons de Plantagenet,
Tudor etc. traduite de Hume. *Amster-*
dam, 1765, 7 *vol. in*-4. *m. v.* . . . . . 70 . . .

120. Histoire des Révolutions de Suède,
par l'Abbé de Vertot. *Paris*, 1768, 2 *vol.*
in-12, *m. bl.* ══Révolutions de Portugal,
par le même. *Paris*, 1768, *in*-12, *m. bl.* . . 6 . . . 16

121 Mémoires sur l'Ancienne Chevalerie,
par de Sainte-Palaye. *Paris*, 1759, 2 *vol.*
in-12, *m. r.* . . . . 6 . . .

122. Dissertation sur une ancienne inscrip- . 6 . . . 10 D

tion grecque, relative aux finances des Athéniens, par l'Abbé Barthelemy. *Paris*, 1792, *in-4. br.*

123. Histoire Abrégée du Cabinet des Médailles et Antiques de la Bibliothèque Nationale, par Cointreau. *Paris*, 1800, *in-8. fig. br.*

124 Dictionnaire Historique par L. Morery. *Paris*, 1759, 10 *vol. in-fol. m. bl.*

125. Analyse raisonnée de Bayle. *Londres*, 1755, 4 *vol. in-12, m. r.*

126. Dictionnaire des Portraits Historiques. *Paris*, 1768, 3 *vol. in-8. m. bl.*

F I N.

De l'Imp. de CELLOT, rue des Gr.-Augustins, n°. 29.

LIVRES GRECS ET LATINS

Qui se trouvent chez G. Debure l'aîné, libraire de la Bibliothèque nationale, rue Serpente, n° 6.

Platonis Euthydemus et Gorgias, gr. et lat. ex recens. et cum notis Mart. Jos. Routh. *Oxonii*, 1784, *in-8.*
Idem Opus. *in-8.* ch. mag.
Archimedis quæ supersunt omnia gr. et lat. ex recens. Jos. Torelli. *Oxonii*, 1792, *in-fol.*
Idem Opus. in-fol. ch. mag.
Dionysii Longini quæ supersunt gr. et lat. ex recens. Joan. Toupii. *Oxonii*, 1778, *in-8.*
Idem Opus. *in-8.* ch. mag.
Æschynes et Demosthenes de corona gr. cum notis. *Oxonii*, 1801, *in-8.*
Idem Opus. *in-8.* ch. mag.
M. Tullii Ciceronis opera cum indicibus et variis lectionibus. *Oxonii*, 1783, 10 *vol. Grand in-4. br.*
M. Tullii Ciceronis de officiis libri tres. *Londini*, 1791, *in-12.*
Idem *in-12.* ch. mag. vélin.
Aristotelis de poetica liber. gr. et lat. ex edit. T. Winstanley. *Oxonii* 1780, *in-8.*
Idem Opus. *in-8.* ch. mag.
Aristotelis de poetica liber. gr. et lat. edente Th. Tyrwhitt. *Oxonii*, 1794, *in-8. br.*
Idem Opus. *in-4.* ch. mag. vélin.
Anthologia græca, versibus latinis reddita, ab Hugone Grotio, edita ab Hier. de Bosch. *Ultrajecti*, 1795, 3 *vol. in-4.*
Idem Opus. *in-4.* ch. mag.
Idem Opus. *in-fol.* ch. max.
Apollonii Rhodii Argonauticorum libri quatuor gr. et lat. cum not. Var. curante Joan. Shaw. *Oxonii*, 1779, *in-8.*
Idem Opus. *in-8.* ch. mag.
Sophoclis tragœdiæ septem græce. cum animadversionibus Sam. Musgravii. *Oxonii*, 1800, 3 *vol. in-8.* Pap. Vél.
Idem Opus. 3 *vol. in-8.* ch. mag. vélin.

Euripidis quæ extant omnia , gr. et lat. Ex edit. Musgravii. *Oxonii*, 1778, 4 *vol. gr. in*-4.

P. Virgilii Maronis opera. cum notis Chr. Got. Heynii. *Londini*, 1793, 4 *vol. in*-8. *Gr. Pap. Vélin.*

P. Virgilii Maronis opera cum annotationum delectu. Accedunt tabulæ geographicæ , et index Maittairianus. *Oxonii*, 1795, 2 *vol. in*-8.
Idem Opus. 2 *vol. in*-8. ch. mag.

M. Annæi Lucani Pharsalia. *Glasguae* , 1785 , *in*-12.

C. Silii Italici Punica. *Londini*, 1792, 2 *vol. in*-12.
Pap. Vél. (Très - jolie édition).

Emendationes in Suidam et Hesychium , et alios lexicographos græcos. Scripsit. Jo. Toup. *Oxonii*, 1790, 4 *vol. in*-8.

Xenophontis institutio Cyri, gr. et lat. Ex edit. Th. Hutchinson. *Glasguae* , 1767 , 4 *vol. in*-12.

Titi-Livii Historiarum quæ supersunt. Ex recensione Arn. Drakenborchii. *Oxonii*, 1800 , 6 *vol. in*-12.
Idem Opus, 6 *vol. in*-12. ch. mag. vélin.

C. Crispi Sallustii opera omnia. *Londini*, 1789, *in*-8. *Pap. Vél.*

C. Julii Cæsaris commentarii. Juxta editionem Oudendorpii. Cum tab. et indice geographico. *Oxonii* , 1780 , *in*-8. *fig.*
Idem Opus. *in*-8. ch. mag.

C. Julii Cæsaris opera omnia. *Londini*, 1790, 2 *vol. in*-8. *fig. Pap. Vél.*
Idem Opus. *in*-8. ch. Mag. vélin. 2 *vol.*

Caroli Sigonii fasti consulares et triumphi acti a Romulo rege usque ad Cæsarem. Cum comment. *Oxonii*, 1801 , *in*-12.
Idem Opus, *in*-12. ch. mag. vélin.
Ce volume fait suite au Tite-Live.

Plutarchi Chæronensis moralia , id est opera exceptis vitis reliqua. gr. et lat. Cum animad. et notis Dan. Wittenbach. *Oxonii*, 1795 , 5 *vol. gr. in*-4. *Pap. Vél.*
Cette édition fait suite aux Vies publiées par Bryanus.

Plutarchi moralia. gr. et lat. Ex. edit. Dan. Wittenbach. *Oxonii*, 1795, 10 *vol. in*-8.
Idem Opus, 10 *vol. in*-8. ch. mag.